OOR WULLIE

Editor: Kate McAuliffe | Editorial: Leah Barton, Georgia Battle and Michelle O'Donnell | Designer: Mark McIlmail | Editorial Director: Gareth Whelan
Art and Illustrations: Ken Harrison and Mike Donaldson

IMAGINATION IS REQUIRED BY OLLY AND WULL, IN THEIR ATTEMPT TAE CLIMB STOORIE HILL!

WULLIE'S BEEN AWA AT SCHOOL A' DAY.

TO HELP US COPE WI' LIFE'S TROUBLES, IT'S IMPORTANT WE USE OOR IMAGINATIONS.

AYE, NAE PROBLEM, MISS KUMAR.

WHIT ARE YE DAEIN' EFTER SCHOOL, WULLIE?

I THOCHT I'D TAK' A WEE HIKE UP STOORIE HILL. DAE YE WANT TAE COME ALONG, OLLY?

THAT SOUNDS GUID BUT I CAN ONLY GO WHAUR MA CHAIR CAN.

OCH, WE CAN DAE IT — IT'LL BE BRAW FUN.

SOON...

IF WE KEEP GOIN', MA CHAIR'S BATTERY'LL BE THE ONLY FLAT THING FOR MILES AROOND.

TIME TAE DAE WHIT TEACHER SAID, USE OOR IMAGINATIONS...

...AND OOR SNACK.

YEE-HAW! NOO WE'RE FLYING!

WHOA! I HOPE YOU'RE NOT BEING CRUEL TO MY PONY?

JINGS! IT'S PRIMROSE 'PO-FACED' PATERSON.

WE'D NO' BE CRUEL TAE ONY ANIMAL. AN' IT WAS ENJOYING OOR JEELY PIECES.

IT DOESN'T MATTER. MY PONY DOES NOT PULL CARTS.

HE'S A RIDING PONY, NOT A CARTHORSE!

YOU SEE...EEEEK!

I WANT JEELY PIECES!

FULL SPEED DOON THE HILL, OLLY. AFORE SHE GETS OOT THON BUSH.

HAUD ON TIGHT — I'M NO' INSURED FOR PASSENGERS!

TELT YE WE'D HAE SOME BRAW FUN.

HEH-HEH! AYE, IT WIS A HOOT.

CRIVVENS! I BET PRIMROSE IS USING HER IMAGINATION — FOR HOW SHE'S GONNAE GET HER AIN BACK TOMORROW.

A SECRET WEAPON IS A' YE NEED, IN YER DESPERATE HOUR O' NEED!

WULLIE TAK'S TAE THE HILLS FOR A SPOT O' RAMBLIN',
WHIT KIND O' BOTHER COULD HE POSSIBLY LAND IN?

MURDOCH THINKS HE MICHT HAE GONE BONKERS, LUCKY FOR HIM IT'S A CASE O' CONKERS!

FOR THE MOST WONDERFUL MUSICAL PERFORMANCE, WULLIE'S ON A QUEST TAE FIND AN AUDIENCE!

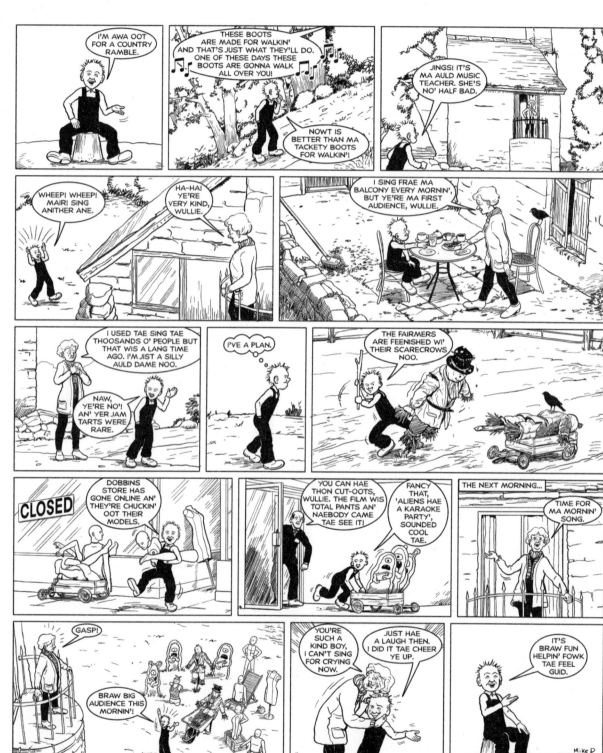

OOR WULLIE DOESNAE MIND ADMITTIN' THAT ARMCHAIRS ARE NO' IDEAL FOR SITTIN'!

MA WANTS WULLIE PRIM AND PROPER,
BUT WILL THE PHOTIE COME A CROPPER?

CAN OOR WULLIE'S BRUSH WI' A BROOM, DISPEL AN EFTERNOON O' GLOOM?

ATTEMPTING TAE HIDE A MISDEMEANOUR,
COULD END WI' WULL TAKEN TAE THE CLEANER!

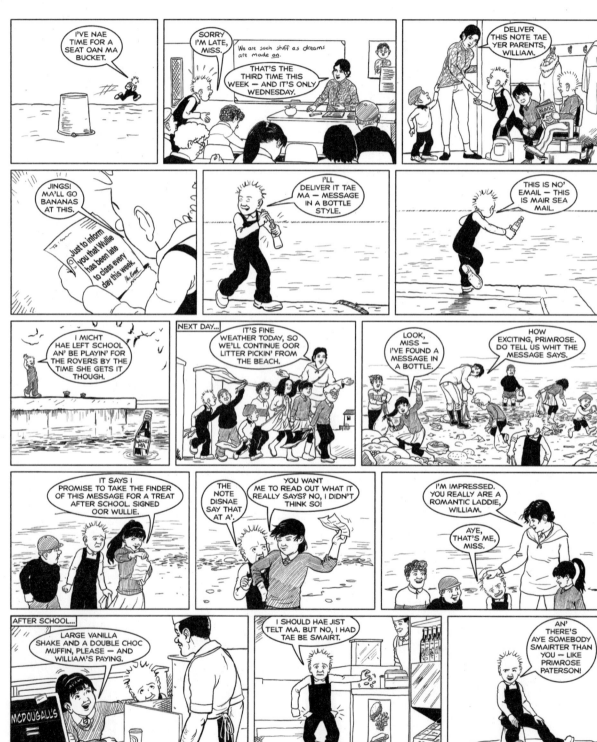

LIKE A WEREWOLF, IT'S QUITE HAIRY,
A TRIP TAE THON HOOSE IS AWFY SCARY!

DETERMINED TAE WIN THE COMPETITION, OOR WULLIE AND OLLY ARE ON A MISSION!

WULLIE'S BIG MOOTH COMMITS A MICHTY DECEPTION, WHILST DEMONSTRATIN' HIS SENSORY PERCEPTION!

WULLIE'S AWA TAE SCHOOL.

OUR SENSORY PERCEPTION IS VERY IMPORTANT. CAN YOU TELL ME WHAT SENSES WE HAVE?

TASTE!

SIGHT!

TOUCH!

HEARING!

SMELL!

I'LL TEST SOME O' YER SENSES. WHAT IS THIS TASTE, WILLIAM?

JINGS! I DINNA KEN.

I'LL GIVE YE A CLUE — IT'S SOMETHING YOUR MOTHER MIGHT CALL YOUR FATHER.

NEEP!

NO, SILLY — IT'S HONEY!

CAN ANYONE TELL ME WHEN THEY'VE USED A' THEIR SENSES AT ONCE?

I DID, MISS. THIS MORNIN' COMIN' TAE SCHOOL.

"I SAW BOB WALKIN' TAE SCHOOL."

"I HEARD HE WIS EATING."

"AND I SMELT IT WAS PEPPERMINTS."

"SO, I PINGED HIS LUG TILL HE GAVE ME ANE."

PING!

"AND IT TASTED BRAW."

WILLIAM! THAT WAS BULLYING, ASSAULT, AND THEFT.

BUT, BUT...

...BUT THAT MAKES DECIDING WHO'S ON PLAYGROUND LITTER DUTY TODAY QUITE EASY.

THERE'S CERTAINLY ONE SENSE I DINNAE HAE...

...THE SENSE TAE KEEP MA MOOTH SHUT!

TEACHER'S TAKIN' A GROUP OOT REWILDIN', WULL AN' BOB'LL GIE THON WEEDS A HIDIN'!

OOR WULLIE FANCIES HIMSEL' AS A GUIDE O' LOCAL TOURS,
SEE AUCHENSHOOGLE'S FINEST SIGHTS AN' THE
PLEASURE IS A' YOURS!

MA'S GOT ME DOIN' CHORES THE DAY.

SHE'S PROMISED ME EXTRA POCKET MONEY FOR GETTIN' RID O' A' THIS JUNK FRAE THE ATTIC.

AYE, THAT'S BRAW! I PUT THE WHEEL BACK ON AN' THIS AULD PRAM WORKS FINE. I'LL JIST LOAD THE JUNK IN AN' TAK' IT TAE THE DUMP.

GENIUS! DOONHILL TAE. MAKIN' MONEY DISNAE GET ONY EASIER THAN THIS.

HULLO, WIFEY! MIND THE PRAM.

OCH, WULLIE, YE ARE A GUID WEE LADDIE...

...HERE'S SOME SILLERS FOR THE BAIRN'S BANKIE.

OH, NO!

WHIT AN UNFORTUNATE LOOKIN' BAIRN.

BUT THERE ISNAE A...

THAT AULD DEAR THOCHT THERE WIS A BAIRN IN HERE. I HOPE IT DISNAE HAPPEN AGAIN...

YE'RE A FINE LADDIE, WULLIE. HERE'S SOME PENNIES FOR THE WEE ANE!

WHIT?!

AN' JIST WHIT'S GOIN' OAN HERE?

IT'S NO' ME! THESE AULD ANES DINNA KEN THE DIFFERENCE ATWEEN A BAIRN AN' BRIC-A-BRAC!

JINGS! THAT WIS ONE AWFY HAIRY BABY!

I BETTER ESCORT YE TAE MAK' SURE IT DISNAE HAPPEN AGAIN.

AYE, THEN I'LL NO' END UP ROBBIN' FOWK BY ACCIDENT!

BUT...

WHA HAE WE HERE, WULLIE? NOO, LET'S SEE WHIT I'VE GOT FOR...

HAUD IT RICHT THERE! WULLIE'S NO'...

HE'S NO' WHIT? SHAME ON YOU, MURDOCH! OOR WULLIE'S A GUID BOY!

JINGS!

CRIVVENS! THAT WIS A SAIR ANE.

I TELT YE! THEY WILLNAE LISTEN!

HE WISNAE TAKIN' GRANNIES FOR SOOKERS EFTER A'.

BUT WE GOT GRANNIE SOOKERS WI' A' OOR HARDLY-EARNED CASH!

IS MITHER NATURE ON WULLIE'S SIDE, WI' A' THEY LEAVES HE'S TRYIN' TAE HIDE?

THIS RESCUE MISSION IS NAE JOKE, WULLIE NEEDS TAE SAVE THE CHRISTMAS OAK!

IT'S THE SCHOOL CHRISTMAS PAIRTY THE DAY.

THE BOSS WANTS US TAE CUT DOON THE AUCHENSHOOGLE OAK WHEN THERE'S NAEBODY ABOOT.

SO, HE'S STILL PLANNIN' TAE BUILD THERE.

CUT DOON THE AUCHENSHOOGLE OAK? NEVER!

YOU'RE JUST IN TIME TAE HELP PUT UP THE DECORATIONS, WULLIE.

I'M PUTTING UP MISTLETOE IN CASE YE WANT TAE KISS PRIMROSE UNDER IT, WULLIE?

DINNAE BOTHER — I'LL NO' BE STAYIN' FOR ONY PAIRTY.

I'LL BE OOT GUARDING THE AUCHENSHOOGLE OAK...

WHIT? YE'RE GOIN' TAE MISS A' THE FUN AN' JEELIES AN' CAKES?

...THERE'S PLANS TAE CUT IT DOON.

ARE YOU SURE, WULLIE?

AYE, I HEARD SOME WORKIE LADS PLOTTIN'.

LATER...

I'M GOIN' TAE CLIMB THE TREE THEN NAEBODY WILL DARE CHOP IT DOON.

CRIVVENS!

SAVE THE AUCHENSHOOGLE OAK

YE MADE US FEEL GUILTY, WULLIE, SO WE ALL CAME OOT TAE PROTEST WI' YE.

BRAW! BUT COULD YE HELP ME DOON FIRST?

LOOK WHAT ELSE IS UP THE TREE, MISS.

MISTLETOE! WILD MISTLETOE!

AND WULLIE IS RIGHT UNDERNEATH IT.

GOTCHA, WILLIAM!

I REPORTED THIS TO THE COUNCIL, WULLIE, AN' THEY'VE PUT A PROTECTION ORDER ON THE TREE.

YES!

WE'LL CELEBRATE BY HAVIN' OOR PAIRTY UNDER THE TREE.

YOU'RE MY HERO, WILLIAM.

SAVE THE AUCHENSHOOGLE OAK!

WHIT A 'TREE'MENDOUS RESULT THAT WIS!

A RARE AULD CHRISTMAS IS AYE WORTH THE WAIT, AN' THIS YEAR WULLIE'S GOT HIMSEL' A DENNER DATE!

A HOGMANAY GATHERING IS QUITE A THRONG, GUID JOB OOR WULLIE'S BROCHT THE GONG!

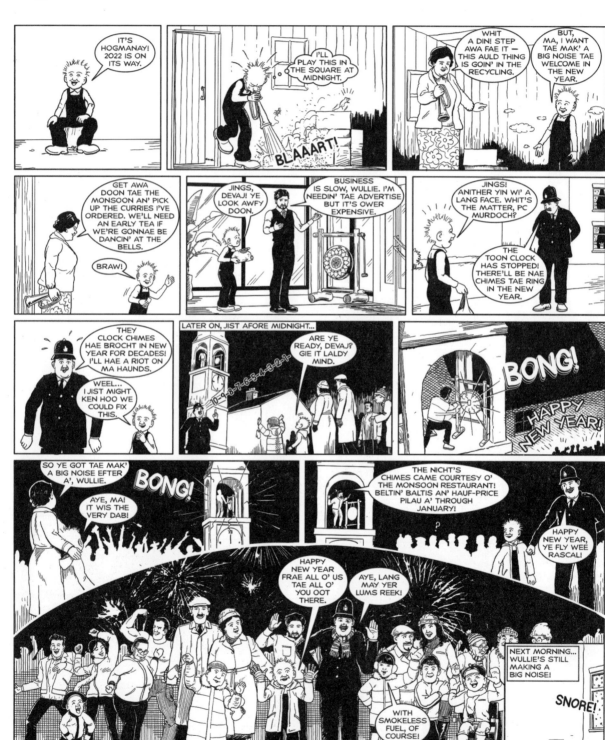

A MISSIN' BUCKET IS TRULY A CALAMITY, BETTER CA' OOT FOR A SEARCH PARTY!

THERE'S JIST NAE NEED TAE BE MOANIN', GUID THINGS HAPPEN WHEN IT'S BEEN SNOWIN'!

AN ALTERNATIVE BURNS NICHT FOR MODERN TIMES, LEAVE IT TAE THE LAD TAE DROP THE RHYMES!

AUCHENSHOOGLE'S BARD BOY MICHT BE FACIN' TIME, WHEN RHYMIN' LEADS TAE A LIFE O' CRIME!

WULLIE'S JIST NAE WAY O' KNOWIN', WHETHER HE'S COMIN' OR GOIN'!

WULLIE'S NO' KEEN TAE BE CAUGHT LOOKIN' STUPID,
BUT SOMEBODY'S GOT TAE MIND AN' PLAY CUPID!

AYE TREAT ITHERS LIKE YE'D LIKE TO BE TREATED YERSEL',
THONS A MANTRA THAT SHOULD SERVE A'BODY WELL.

WULLIE JIST WANTS TAE PLANT HIS BAHOOCHIE, THERE'S NAE NEED FOR SUCH A STOOSHIE!

WULLIE CANNAE HELP EXPRESSIN', BEIN' ON STAGE CAN BE DISTRESSIN'!

WULLIE CELEBRATES WHEN HE GETS HIRED, BUT THE JOB LEAVES HIM DUG-TIRED!

HE'S OOT WALKIN' WEE HARRY.

I WISH I HAD A STRONG LADDIE LIKE YOU TAE WALK MA BIG DUG.

WALKIN' DUGS IS BRAW FUN.

I'LL WALK YER DUG UP STOORIE BRAE THIS EFTERNOON, IF YE LIKE.

I'LL PAY YE, WULLIE.

LATER...

I'LL TIRE HIM OOT FOR YE, MRS McTAVISH.

JINGS! YE ARE A STRONG DUG.

WILLIAM, FANCY MEETING YOU HERE.

HMMPH!

HAVE YOU BOUGHT ME A SWEET?

NAW, DINNAE...

...IT'S A DUGGY POO BAG!

YUUUUURGH!

I'M A RESPONSIBLE DUG WALKER. I PICK UP AN' BIN MA DUG'S POO.

NO, YOU'RE JUST A HORRID, HORRID BOY!

I TIRED HIM OOT AT LAST, MRS McTAVISH, BUT IT TOOK MILES.

YE LOOK WABBIT YERSEL', WULLIE. HERE'S YER PAY.

C'MON AN' I'LL TREAT YE TAE ANE O' TONI'S LOADED SHAKES.

IF I MUST!

I SUPPOSE IT WAS A LITTLE BIT MY FAULT — I SHOULD HAVE RECOGNISED THE BAG, WILLIAM...

PALS AGAIN?

...WILLIAM, AM I BORING YOU? WELL...

...ALLOW ME TO WAKE YOU UP... YOU HORRID BOY!

EEEK!

YE CANNAE WIN WI' SOME FOWK!

Mike D

WULLIE'S LOOKIN' FOR OOTDOOR FUN, WHEN HE SPIES A SPRING HAS SPRUNG!

DINNA MISS THE MITHER'S DAY PARTY, JIST CA' ON WULLIE AN' HIS FAITHFUL CARTIE!

YET AGAIN HE COMES A CROPPER, LUCKY HE'S A WILY FAST WORKER!

AN OOR WULLIE STORY THAT COULD END TRAGIC, INVOLVING A MARKER THAT IS MAGIC!

WHAT CAN SORT OOT THIS EASTER CATASTROPHE?
I THINK WE A' KEN WHAT EGGS-ACTLY!

THE LADS AYE THINK IT'S NICE TAE SHARE,
BUT THERE'S AYE A LIMIT TAE BE FAIR!

YE CANNA TAK' WULLIE'S MA FOR A DAFTY, SHE'S THE EXPERT WHEN IT COMES TAE BEIN' CRAFTY!

OOT AN' ABOOT LOOKIN' FOR ROUGHAGE,
WULLIE'S LEARNIN' HOO TAE FORAGE!

A SIMPLE TASK TAE MAK' HIS BED, IS YET ANITHER PALAVER INSTEAD!

WHIT'S THE LAD TAE DAE?
A' HIS PALS HAE GONE AWAY!

CAN PRIMROSE PLAY GAMES JIST LIKE WULLIE?
A' SHE NEEDS IS DUNGAREES, SILLY!

WHEN LOOKIN' TAE ARRANGE A TREAT O' SORTS,
WULLIE'S MIND TURNS TAE EXTREME SPORTS!

WULLIE FINDS HE'S IN CAHOOTS,
WHEN ANITHER BOBBY FILLS MURDOCH'S BOOTS!

A TRIP TAE THE BEACH SHOULD BE FABBY, NO' SOMETHIN' TAE MAK' YE CRABBY!

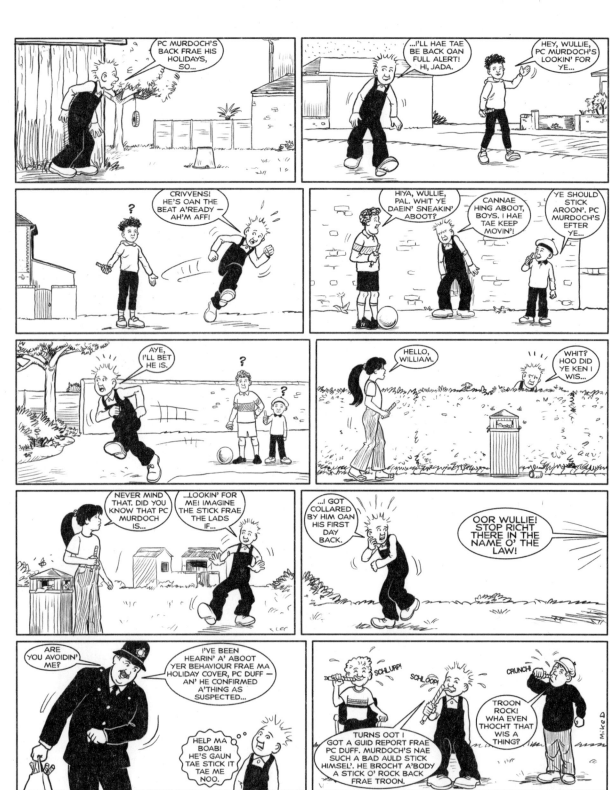

WULLIE HAS A CONUNDRUM TAE PONDER, WHEN HE'S GOT SOME BUCKET BOTHER!

WHIT DAE THON AULD CODGERS SEEK, A CARTIE THEY'VE DECLARED ANTIQUE?

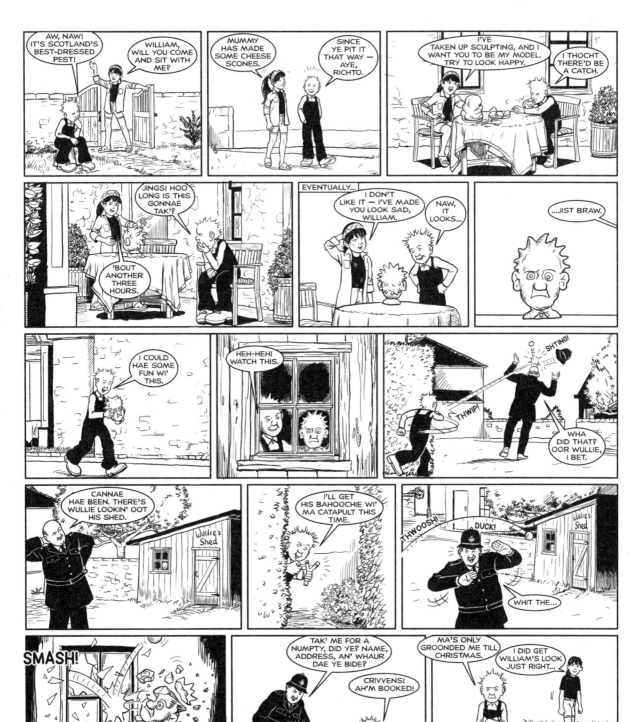

THERE'S SOME FANCY FORWARD MOTION, WHEN WULLIE'S LOOKIN' FOR A PIZZA THE ACTION!

WI' A' THE SNIFFIN', MA'S GOT AN ISSUE!
WHY WILL HE JIST NO' USE A TISSUE?

WE'LL CATCH UP WI' JEEMIE SOONER OR LATER – IN THIS WEEK'S CRAZY CARPET CAPER!

WULLIE'S GOT MA ON HER TOES,
WHEN HE JIST UPS AN' GOES!

IT'S A MODERN WORLD SOME MICHT SAY, ESPECIALLY WHEN IT COMES TAE PLAY!

THERE'S A NEW HERO IN WULLIE'S HOOSE, AN' HE'S KNOWN AS ACTION MOOSE!

HERE'S A TREAT YE CAN HAE OAN US,
AN OOR WULLIE STORY CRIED 'BUCKET BONUS'!

I'M NO' IN MA USUAL SPOT.

I'M HERE AT TONI'S CHIPPER TAE COLLECT THE TEAS!

WHIT CAN I GET FOR YE, WULLIE?

GET READY FOR IT, TONI...

... A FISH SUPPER FOR ME, STEAK PIE SUPPER FOR PA, CHICKEN SUPPER FOR MA, SINGLE SAUSAGE FOR WEE HARRY, TWA PORTIONS O' INGIN RINGS, SOME CURRY SAUCE, A BOTTLE O' YER CHIPPER SHOP BROON SAUCE, AN'...

... CHEESE DIPPERS FOR JEEMIE!

A WEE BIT LATER...

HERE YE GO!

BRAW!

DAE YE NEED A BAG?

NAW! I'VE GOT THE BUCKET!

PERFECT!

SEE YE, TONI!

WHIT A BRAW SMELL!

CHIPPY TEA COMIN' THROUGH!

WHERE DID YE GET THE SCRAN?

TONI'S CHIPPER — BEST IN TOON!

SOON...

WE WANT SUPPERS IN A BUCKET!

LIKE YE GAVE THE LAD IN THE DUNGAREES!

ER... URM.. EH... UH... UNFORTUNATELY, HE GOT THE LAST ANE!

AND SO...

IS THAT CREATIVE CARTONS INCORPORATED? HERE'S WHIT I NEED...

THE NEXT DAY...

THANKS TO WULLIE, I'M RAKIN' IT IN! WHO'D HAE THOCHT PEOPLE WID BUY FOOD SERVED IN A BUCKET!

IT'S BRAW TAE BE AN INSPIRATION — AN' GET FREE TEAS WHENEVER I WANT!

OOR WULLIE'S SUCH A LUCKY BOY, WHEN PA DISCOVERS A VINTAGE TOY!

THON BINMAN TURNED STUNTMAN WHA ONCE FOUND FAME, THE AIN AN' ONLY STEELY RIDES AGAIN!

WULLIE'S EYES ARE OAN THE PRIZE WHEN HE'S AWA' OOT DAEIN SOME GUISIN'!

HAUD THE PHONE! WHIT'S GAUN' OAN HERE? HAS ONYBODY GOT A GOTTLE O' GEER?

HIS LEGENDARY ACCIDENTS ARE ALMOST TRAGIC, BUT THERE'S NAE STOPPIN' THE MACNEILLY MAGIC!

POOR STEELY MacNEILLY IS STILL IN HOSPITAL — HE FELL OOT O' HIS WHEELCHAIR TRYIN' TAE JUMP O'ER SOME ZIMMER FRAMES!

I'VE GOT AN IDEA TAE CHEER HIM UP!

LATER...

NOO TAE GET TAE THE HOSPITAL!

AT AUCHENTOGLE INFIRMARY...

STEELY? IS THAT YOU?

AYE! SCOTLAND'S ANE AN' ONLY BINMAN TURNED STUNTMAN — A MAD MIXTURE O' TARTAN AN' TITANIUM!

I'VE SET UP A U-CHOOB CHANNEL FOR YE — SHOWIN' SOME O' YER BEST STUNTS!

A WHIT?

IT'S SOMETHIN' FOR A' YER FANS, AN' IT'LL MAK' YE MONEY!

HERE YE ARE JUMPIN' OWER EIGHTEEN BIN LORRIES AT AUCHENTOGLE STADIUM!

HAMPDEN SAID NAW, AS THEY DIDNAE WANT ONY RUBBISH OAN THE PITCH — CAN YE BELIEVE THAT?

JINGS! AH WIS MAGNIFICENT — FLYIN' LIKE A WINGLESS TARTAN EAGLE!

WHIT STUNTS AN' WHIT DAYS THEY WERE!

THE CHANNEL'S HAD TWENTY THOOSAN' VIEWS A'READY!

FOLK CANNAE GET ENOUGH O' THE MACNEILLY MAGIC!

I CANNAE THANK YOU TWA ENOUGH FOR KEEPIN' MA LEGEND ALIVE!

I'VE EVEN GOT MA TOY WITH ME!

LET'S SEE WHIT MINI-ME CAN DO!

IT'S MADE FRAE A MOULD O' ME, YE KEN? THAT WIS ONLY HAUF AN HOUR IN PLASTER — NO' MA USUAL AT A'!

THIS IS BOUND TAE BE A RECORD!

GO ME!

SMASH!

AW, NAW! IT'S BROKEN!

AND...

GIE THAT TAE ME! VISITING TIME'S OWER — AFF YAIS POP!

THANKS FOR COMIN', LADS!

THE NURSE DID A BRAW JOB — NOO THE TOY IS EVEN MAIR LIKE THE REAL THING!

WULL'S SERVICES TAE COMEDY WILL HAE YE WISHIN', HE'D GET A SHINY MEDAL IN RECOGNITION!

THEY BIG LADS WILL SURELY RUE THE DAY,
THEY UNDERESTIMATE BRAVE OOR WULLIE!

COME VISIT WULLIE'S CHRISTMAS GROTTO, PROTECTIN' THE ENVIRONMENT IS HIS MOTTO!

MY PALS ARE WANTIN' ME TAE HAUD OOR CHRISTMAS PAIRTY IN MA SHED.

JINGS! MA SHED IS NO' VERY CHRISTMASSY.

I'LL AWA' DOON STOORIE WOOD AN' GET ME A CHRISTMAS TREE. THAT MICHT CHEER THE PLACE UP.

THIS WEE TREE IS THE VERY DAB. THON'LL LOOK BRAW IN MA SHED.

STOP!

YOU'RE NOT TOUCHING THAT TREE. THEY ARE LIVING, BREATHING THINGS THAT NEED PROTECTING!

BESIDES, ISN'T THAT A PLASTIC PLAY AXE?

AWA' YOU AN' PROTECT THON WEE RABBIT YER WILD DUG IS CHASIN'.

HARRIS! STOP THAT AT ONCE, YOU NAUGHTY DOG!

RICHT, BACK TAE WORK.

I CANNAE DAE IT — PRIMROSE IS RICHT. YE SHOULD STAY HERE AN' GROW INTAE A MUCKLE TREE.

BUT WHIT'LL I DAE NOO ABOOT OOR CHRISTMAS PAIRTY?

LATER...

MA, WHAUR'S OOR CAMPIN' GEAR?

IT'S A' STORED IN THE GARAGE TILL NEXT YEAR, WULLIE.

NEXT DAY...

PING!

WHITSUP

MY WILLIAM

YOU ARE INVITED TAE VISIT WULLIE'S CHRISTMAS GROTTO IN STOORIE WOOD.

AN' SO...

I GOT YOUR INVITE, WILLIAM.

THERE'S SOMETHING I THINK YE'LL LIKE IN MA CHRISTMAS GROTTO.

WHIT BRAW! A'BODY'S HAEIN A GUID TIME.

WHIT DREADFUL NOISY NEIGHBOURS!

DISGRACEFUL! AN' WHIT IS THON LADDIE DAEIN OAN THAT BUCKET?

OH, WILLIAM! YOU LEFT THE LITTLE TREE GROWING.

AYE, AH JIST ADDED SOME LICHTS TAE IT.

COVER YER EARS, THE BELLS ARE RINGIN', HERALDIN' TIME FOR OOR WULLIE'S SINGIN'!

OOR WULLIE'S AT SCHOOL.

I'D LIKE SOME OF YOU TO GO CAROL SINGING TO RAISE FUNDS FOR THE AUCHENSHOOGLE FOOD BANK.

SOUNDS LIKE A JOB FOR US, MISS.

FOR WE'RE THE BEST SINGERS.

AND US! WE'RE THE BUCKET BOYZ! AUCHENSHOOGLE'S NEW BOY BAND.

SO THAT NICHT...

JINGLE BELLS, JINGLE BELLS, JINGLE ALL THE WAY...

...WE'RE ON A BUS TAE GLESGA TOON, BUT WE'RE NO' GONNA PAY!

AWA' YAIS GO! WE CANNAE HEAR THE BRAW SINGING FOR YOU LOT.

JINGS! THE LASSIES WILL MAK' A' THE MONEY WI' THEIR CAROLS.

WE'LL TRY THIS GREAT BIG HOOSE, THEY MICHT BE LOADED.

WE WISH YE A MERRY CHRISTMAS! WE WISH YE A MERRY CHRISTMAS!

LOOK OOT, LADS — OOR SINGIN' HAS SHATTERED THE ICICLES!

OUR HEROES! THANK YOU, BOYS.

THOSE ICICLES WERE FREEZING US. YOU MUST ACCEPT THIS REWARD.

NEXT DAY...

OH, WELL DONE, GIRLS!

WE MADE GUID MONEY FOR THE FOOD BANK WI' OOR CAROLS, MISS.

HERE'S THE CASH OOR SINGIN' MADE, MISS.

REALLY? THAT IS SO COOL, GUYS.

WHAT? YOU LOT SOUNDED LIKE BURST BAGPIPES!

NOW, NOW — DINNAE BE JEALOUS.

THAT WIS BRAW FUN, BUT DINNAE GO TELLIN' PRIMROSE HOW WE DID IT.

WHIT'S THAT WE SEE FRAE AFAR?
IT'S WULLIE - MA'S SUPER CHRISTMAS STAR!

WULLIE AN' STEELY WILL DAE WHITEVER THEY CAN – TAE DELIVER THE CHRISTMAS SCRAN!

THE BROONS AN' WULLIE HAE A PLAN – TAE GATHER THEGITHER A FESTIVE CLAN!

WULL'S AYE UP FOR A GUID HOGMANAY, SO WHIT'S GOT HIM AWFY DOON TODAY?

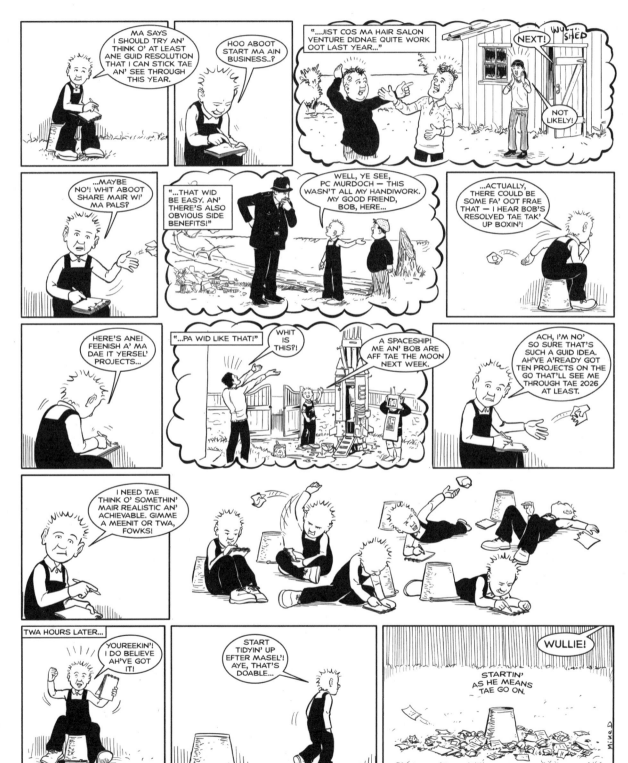

BACK TAE SCHOOL AN' GETTIN' EDUCATIONAL, HAS OOR WULLIE A' EMOJINAL!

THIS IS REALLY QUITE EXCITIN', HERE'S WULLIE DAEIN' SOME BRAW RECITIN'!

WULLIE'S RARIN' TAE GET OOT AN' PLAY,
UNTIL MA DECLARES, "NOT TODAY!"

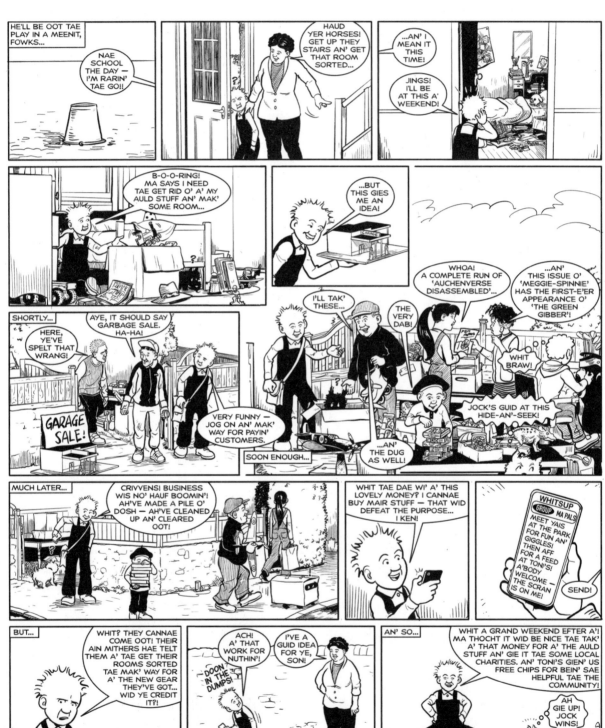

IT SEEMS LIKE THEY NEVER AGREE,
HE LIKES THE MOVIES, AND SHE LIKES TV!

HE'S AWA' TAE MEET PRIMROSE PATERSON!

HAPPY VALENTINE'S DAY!

OOH! WHAT DID YOU GET ME, WILLIAM?

WHITE CHOCOLATES? I HATE WHITE CHOCOLATES!

BUT THEY'RE THE BEST!

I GOT YE FLOOERS AS WEEL!

CARNATIONS — MY LEAST FAVOURITE!

OPEN MY PRESENT TO YOU!

IT CANNAE BE!

AN AUCHENTOGLE ATHLETIC SCARF!

GET THAT 'TOGLER RAG AFF ME! I'M A PROUD 'SHOOGLER — I'VE SUPPORTED AUCHENSHOOGLE UNITED A' MY LIFE!

I GOT YOU SWEETS AS WELL, SWEET WILLIAM!

ACID DROPS? MINGIN'! YE SHOULD KEN I LIKE A JOOB-JOOB!

IT SEEMS WE DINNAE KEN EACH OTHER VERY WELL AND WE BAITH WANT DIFFERENT THINGS OOT O' LIFE!

MEBBES WE SHOULD JIST BREAK UP?

DON'T BE SO ABSOLUTELY SILLY, WILLIAM!

ALL THIS PROVES IS THAT WE ARE ABSOLUTELY MADE FOR EACH OTHER — OPPOSITES ATTRACT, AFTER ALL!

I'LL NEVER UNDERSTAUN' WUMMIN!

Mike D

HE'S GUID AT BUCKET REPAIR, AN' HE'S UNDER EACH SNARE!

WE'RE TRYIN' TAE THINK O' A SUITABLE RHYME, AFORE IT COMES TAE WULLIE'S BATH TIME!

WHAUR'S WULLIE? YE JIST MICHT ASK, AS MURDOCH FACES A MITHER'S DAY TASK!

THE LADS'LL NEED NERVES LIKE STEELY'S,
IF THEY WANT TAE GET THEIR HAUNDS OAN THEY JEELIES!

WULLIE DISCOVERS A FINISH THAT THRILLS,
WHEN TURNING TAE ART REVEALS SOME SKILLS!

YE NEEDNAE SEEK HIM HERE AN' THERE,
YE'LL FIND OOR WULLIE EVERYWHERE!

A CARPET, MA'S NEWLY FITTED PRIDE AN' JOY, CAUSES A WILD MOOSE CHASE FOR OOR FAVOURITE BOY!

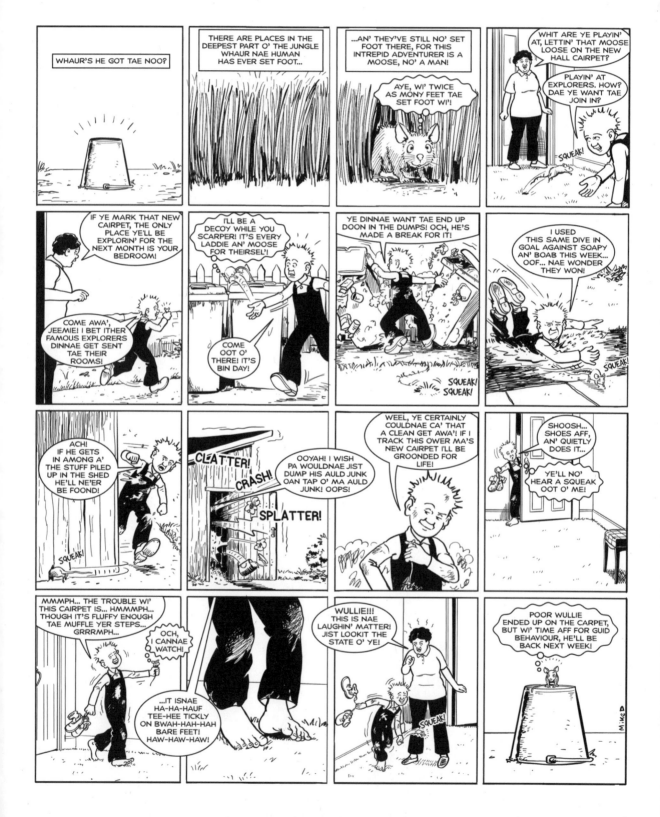

BOB'S NO' WEEL AN' THAT'S QUITE TRAGIC, UNTIL THIS STORY TURNS INSTAMATIC!

BOB AN' WULLIE ARE AWFY BUSY
TRAININ' AS ASTRONAUTS AN' GETTIN' DIZZY!

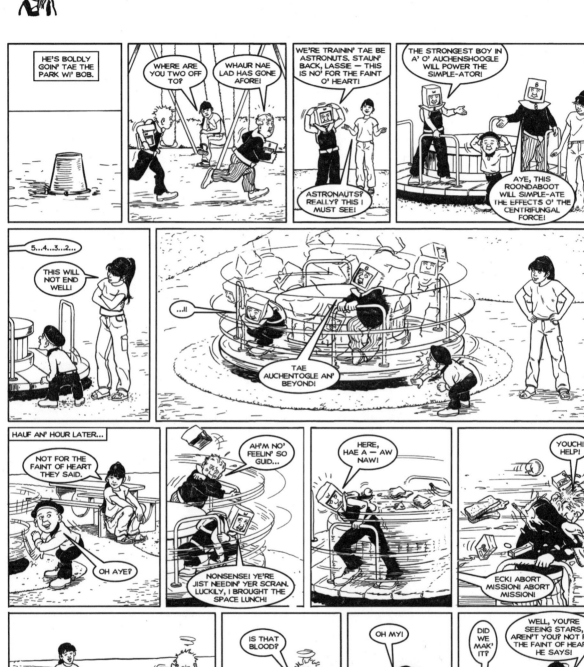

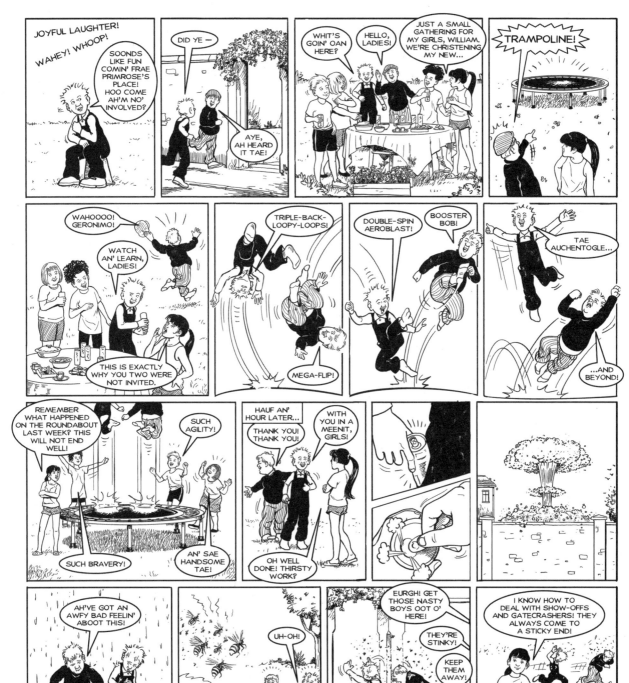

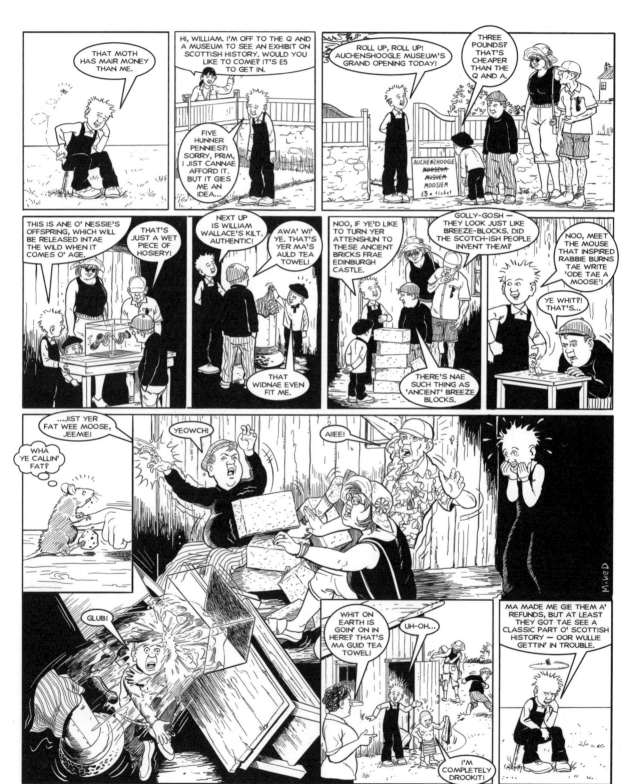

MEGGIE-SPINNIE MAN, MEGGIE-SPINNIE MAN, HE USED TAE BE GUID AT DAEIN' THE CAN-CAN!

NEVER TURN THE ITHER CHEEK,
WHEN YOUR FOE'S ARMED WI' A BEAK!

WULLIE'S PALS ARE FULL O' FLATTERY, TILL HE RUNS OOT O' BATTERY!

HE'S OOT O' FUNDS, SO WILL WULL TRY TAE GET PA'S GIFT WI' DIY?